Reconocimientos

La autora les agradece a las numerosas personas que la ayudaron a cerciorarse de la precisión de la información contenida en este libro, entre ellas:

Autumn Allen * Li Chen * Kara Dentice
Elina DeVos * Hoda Elsharkawi * Ruoqing Fu
Naoko Komiya * Dr. Rangi Matamua * Ben Milam
Ayaka Mizoe * Leo Montenegro * Tomoyo Nagase
Bruno Olsson * Gabriela Quinte * Lisa Rosinsky
Dr. Melody Ann Ross * Akash Sahoo * Sarahy Sigie
Homa Sabet Tavangar * Stephanie Thomas
Mark Agu Uche * Stefanie Paige Wieder

Nota de la autora

Hay muchísimas celebraciones y tradiciones en el mundo, muchas más de las que una persona pueda experimentar en su vida y muchas más de las que se puedan incluir en un libro. No todas las personas de una cultura o religión celebran las mismas tradiciones o festejan las mismas fechas especiales. Hay tradiciones que se celebran en muchos países y culturas. Existe todo un mundo más allá de este libro.

Al leer, pregúntate qué tiene en común cada fecha especial con otras del libro. ¿Cuántas conexiones encuentras?

¡Gracias por venir a la celebración!
— Kate DePalma

Barefoot Books, 23 Bradford Street, 2nd Floor, Concord, MA 01742
Derechos de autor del texto © 2019 de Kate DePalma. Derechos de autor de las ilustraciones © 2019 de Martina Peluso
Se hacen valer los derechos morales de Kate DePalma y de Martina Peluso

Publicado por primera vez en los Estados Unidos de América por Barefoot, Inc. en 2019
Esta edición en rústica en español se publicó en 2024. Todos los derechos reservados

Diseño gráfico de Sarah Soldano, Barefoot Books. Dirección artística de Kate DePalma. Notas educativas de Stephanie Thomas y Kate DePalma

---

Traducido por María A. Pérez

Reproducción de Bright Arts, Hong Kong. Impreso en China

La composición tipográfica de este libro se realizó en Adobe Garamond Pro, Cormorant Infant y Exquise
Las ilustraciones se realizaron en acrílicos y pasteles, con detalles decorativos digitalizados

Edición en rústica en español ISBN 979-8088859-209-0 * Libro electrónico en español ISBN 979-8-88859-288-5

La información de la catalogación de la Biblioteca del Congreso se encuentra en LCCN 2024931057

1 3 5 7 9 8 6 4 2

¡Vamos a celebrar!
Fechas especiales en el mundo

escrito por **Kate DePalma**
ilustrado por **Martina Peluso**
traducido por **María A. Pérez**

Barefoot Books
step inside a story

¡Horneemos los pasteles!
¡Las luces encendamos!
Días de fiesta y noches radiantes
con ganas esperamos.

Japón

En el Kodomo no Hi, nos espera una sorpresa: pastelitos de arroz en hoja, ¡qué rica receta!

En el Día de los Niños o **Kodomo no Hi** en Japón, las familias cuelgan koinobori, unas banderas con figuras de peces que representan a los miembros de la familia.

Banderas con forma de peces colgamos.
Y con cada pez, ¡nuestra familia representamos!

China

Encendemos farolillos por el año nuevo.
¡Feliz Festival de la Primavera yo te deseo!

Los fuegos artificiales la noche iluminan para así al invierno dar la despedida.

El Festival de la Primavera o Año Nuevo Lunar en China supone una semana de celebraciones en las que hay farolillos, fuegos artificiales y figuras de dragones para asustar a los malos espíritus.

Alrededor de un horno en la tierra nos reunimos para comer y recordar a nuestros seres queridos.

En Nueva Zelanda, el pueblo maorí celebra el **Matariki** cuando aparecen las nueve estrellas del cúmulo Matariki. Se cree que la diosa Matariki guía en el más allá a las personas fallecidas durante el año.

Perú

¡Hoy es el Inti Raymi! La caracola hace su llamado.
Al pueblo le indica que... ¡el emperador ha llegado!

Entra en un trono dorado ante una gran algarabía.
Al Sol damos las gracias en este corto día.

El Inti Raymi es una celebración de Inti, el dios sol inca. Todos los años, actores indígenas escenifican esta tradición ante miles de espectadores en Cusco, Perú.

Brasil

El carnaval nos trae un despliegue impresionante de coronas de plumas y trajes centelleantes.

El **carnaval** es un periodo en el calendario cristiano de fiestas y desfiles. ¡La celebración más grande del mundo tiene lugar en Río de Janeiro, Brasil!

El desfile de carrozas al público impresiona
y a decenas de bailarines, la samba les apasiona.

Suecia

¡Ha llegado el Midsommar! Traigan plantas y flores para hacer las coronas de jóvenes y mayores.

En este cálido y largo día del solsticio de verano, la gente hace pícnics desde muy temprano.

Los inviernos en Suecia son largos y nevosos, por lo que muchas personas esperan con ansias la celebración al aire libre en verano del **Midsommar**, el día más largo del año.

Irán

La mesa del Nouruz de nada carece.
Hay brotes, manzanas, jacintos y peces.

El primer día de la primavera indica el comienzo del año nuevo en Irán. La gente pone una mesa con los símbolos de la primavera para celebrar el **Nouruz**.

La primavera recibimos en torno a esta mesa y damos las gracias por el año que empieza.

Estados Unidos

Ya limpiamos la cocina y las migas barrimos, y al entrar la noche, la Pascua recibimos.

En la **Pascua judía,** los judíos de todo el mundo celebran la liberación del pueblo judío de la esclavitud en Egipto.

En esta noche especial juntos vamos a cenar para, con el séder, nuestra libertad recordar.

Nigeria

¡Es el Nuevo Ñame! Ha llegado el fin de la cosecha. Por eso nos reunimos en esta importante fecha.

El rey toma el primer ñame y luego celebramos.
Juntos compartimos, comemos y cantamos.

En África Occidental, hay festejos anualmente para celebrar la cosecha del ñame. El **Festival del Nuevo Ñame**, que celebra el pueblo igbo de Nigeria, es uno de los más grandes.

Rusia

En el Novi God, compartiendo una comida, al año viejo le damos todos la despedida.

Cuando el gobierno soviético prohibió las celebraciones religiosas, los cristianos comenzaron a celebrar las tradiciones de la Navidad en la víspera de Año Nuevo. Actualmente, personas de distintas religiones y orígenes celebran el **Novi God**.

Abrimos los regalos bajo un árbol decorado y decimos "S novim godom" a quienes amamos.

Egipto

Hoy es el Eid al-Fitr, ¡los globos vamos a inflar!
Llegó la luna llena y termina el Ramadán.

Deseamos "Eid mubarak" después de rezar.
Y un banquete de tres días está por comenzar.

En el **Eid al-Fitr** se celebra el fin del Ramadán, un mes sagrado de ayuno para los musulmanes de todo el mundo, con un día de festejos y oración.

México

En el Día de Muertos hacemos altares, y en ellos ponemos regalos, flores y panes.

En el **Día de Muertos** en México, las familias reciben a los espíritus de los seres queridos fallecidos con altares llenos de fotos y ofrendas. Algunas personas se pintan la cara de calavera.

El cementerio alumbramos con cirios prendidos.
Esta noche esperamos a nuestros seres queridos.

India

Durante el Diwali, la luz brilla fuerte al anochecer, pues triunfa la idea del poder del bien.

El **Diwali** es un festival de luces que celebra el triunfo del bien sobre el mal. Es una de las celebraciones más populares en India.

Calendario de fechas especiales

- **Festival de la Primavera** en enero o febrero*
- **Pascua judía** en marzo o abril*
- **Nouruz** de marzo a abril*
- **Kodomo no Hi** el 5 de mayo
- **Matariki** en junio o julio*
- **Festival del Nuevo Ñame** en agosto, septiembre u octubre
- **Diwali** en octubre o noviembre*

ENERO | FEBRERO | MARZO | ABRIL | MAYO | JUNIO | JULIO | AGOSTO | SEPTIEMBRE | OCTUBRE | NOVIEMBRE | DICIEMBRE

- **Carnaval** en febrero o marzo
- **Midsommar** en junio
- **Inti Raymi** el 24 de junio
- **Día de Muertos** del 31 de octubre al 2 de noviembre
- **Novi God** del 31 de diciembre al 7 de enero
- **Eid al-Fitr** varía**

* Algunas de las fechas (marcadas con un *) se basan en calendarios que miden el tiempo de forma diferente al que se ha usado en esta página. Por ejemplo, en China se usa un calendario lunar (basado en los movimientos de la Luna), pero el calendario de esta página es solar (basado en los movimientos del Sol). Por eso, el Festival de la Primavera cae en enero en algunos años y en febrero en otros.

** Cada año, la fecha del Eid al-Fitr es unos 11 días antes en el calendario de esta página.

El Kodomo no Hi en Japón

- Desde hace más de mil años, en el **Kodomo no Hi** o Día de los Niños en Japón se ha festejado la fuerza, salud y felicidad de los niños. Se originó a partir de un festival conocido como Día de los Niños Varones. Tiene lugar el quinto día del quinto mes, es decir, el 5 de mayo.

- En el exterior de las casas se cuelgan unas banderas o **koinobori** con figuras de peces **koi**. Los koinobori son parte de una antigua leyenda y simbolizan la fuerza y la persistencia. Los peces representan a los miembros de la familia: el **magoi** negro es el papá, el **higoi** rojo es la mamá y los peces más pequeños son los hijos. En la parte de arriba cuelgan unas serpentinas de colores que a veces llevan el escudo de armas familiar.

- El interior del hogar se decora con unas miniaturas de samurái llamadas **yoroi**, y los niños llevan cascos **kabuto** de papel como otro símbolo de fuerza.

- En el Día de los Niños se come **kashiwa mochi**, unos pastelitos de arroz rellenos de pasta dulce de frijol y envueltos en hojas de roble (*kashiwa*).

El Festival de la Primavera en China

- En China, el Festival de la Primavera (**Chūn Jié** en mandarín) se celebra el primer día del calendario lunar chino, que suele ser en enero o febrero. ¡Los festejos duran una semana!
- En el Festival de la Primavera hay desfiles y celebraciones en las calles con muchos farolillos y figuras de dragones gigantes que se llevan por el aire.
- Para prepararse, todos ayudan a limpiar, hacer la compra y decorar. Se barre el polvo del año que acaba de terminar y se estrena ropa para atraer la buena suerte en el nuevo año.
- Se cuelgan faroles rojos junto con poemas y deseos de buena suerte escritos en pergaminos.
- Las familias comparten banquetes con platos especiales como pescado, empanadillas y bolitas de arroz rellenas de pasta de frijol o de carne molida llamadas **yuanxiao** y **tangyuan**.
- Los fuegos artificiales alejan al monstruo mitológico **Nian**, quien se asusta con el ruido fuerte y el color rojo. Por eso, ¡las decoraciones del Festival de la Primavera son de color rojo vivo!
- Como golosina, los niños comen bayas de espino confitadas. Los ancianos dan dinero a los niños en unos sobres rojos llamados **hongbao**, deseándoles salud y felicidad.

¡Buena suerte!

¡Feliz Festival de la Primavera!

El Matariki en Nueva Zelanda

- Anualmente, en junio o julio, el pueblo **maorí** de Nueva Zelanda celebra la aparición en el cielo nocturno de un cúmulo de estrellas al que le dan el nombre de la diosa **Matariki**.
- A cada una de las nueve estrellas que componen el cúmulo de Matariki se le atribuye un significado vinculado a la naturaleza como el agua salada, el viento o los animales. La gente se reúne al amanecer del día de Matariki para observar las estrellas y predecir lo que sucederá en el año venidero. Por ejemplo, si **Tupuānuku**, que es la estrella que representa el alimento, brilla mucho, se dice que la cosecha será abundante.
- Se pronuncian palabras sagradas para pedirle a la diosa Matariki que guíe en el más allá a los seres queridos que han fallecido durante el año.
- La comida se cocina en un horno en la tierra llamado **hāngī** en maorí. Para hacer el hāngī, se colocan rocas volcánicas en un hoyo y se calientan al fuego. Una vez calientes, se añade la comida envuelta en hojas de lino o paños húmedos y se cubre con tierra para atrapar el calor y cocerla. Al sacar la comida, el vapor que se eleva es una ofrenda a las estrellas. Y entonces todo el mundo disfruta del festín al amanecer.

El Inti Raymi en Perú

- El **Inti Raymi** se celebra el 24 de junio. En lengua **quechua**, Inti Raymi significa "Fiesta del Sol".
- En distintas ciudades de Centro y Sudamérica se celebra el Inti Raymi, pero la fiesta más concurrida tiene lugar en Cusco, Perú, donde actores indígenas realizan una escenificación de la ceremonia tradicional inca.
- En el **Coricancha**, el templo del Sol en Cusco, se toca una caracola llamada **pututo**, que silencia a la multitud para anunciar la llegada del emperador o **Inca**.
- El Inca se dirige al Sol en la plaza principal, afuera del templo. Le da las gracias por bendecir al pueblo. Junto a su reina, la **Coya**, dirige el desfile por las calles de Cusco hasta la fortaleza de **Sacsayhuamán**. Al Inca y a la Coya se les traslada en tronos dorados.
- Miles de personas se reúnen en Sacsayhuamán para observar. El Inca alaba al Sol y pronuncia un discurso. Después, los músicos y artistas alaban a Inti, el dios sol.
- Diferentes pueblos indígenas de otras ciudades de Perú, Ecuador y otros lugares también celebran el Inti Raymi. La gente se viste con atuendos coloridos y disfruta de la música y la comida en alabanza al Sol.

El Carnaval en Brasil

- El **Carnaval de Brasil** es la temporada de desfiles y fiestas que tiene lugar en febrero o marzo en ese país. Esta celebración es el último día de comida y diversión antes de la cuaresma, un periodo solemne de cuarenta días en el calendario cristiano en el que se suele ayunar (no comer en ciertas fechas).
- Los trajes que se llevan en los desfiles del carnaval tienen plumas y lentejuelas llamativas para que resalten entre un mar de atuendos coloridos.
- ¡Las carrozas del carnaval pueden tener hasta tres pisos de alto!
- Los desfiles del carnaval se mueven al ritmo de la samba, un estilo de música y baile rítmico e intenso que tiene su origen en las tradiciones de África Occidental.
- Las escuelas de samba, o **escolas de samba** en portugués, son escuelas donde se les enseña la samba a los bateristas, bailarines e intérpretes. Los grupos de estas escuelas pasan gran parte del año preparándose para el carnaval, donde compiten entre sí en los desfiles, bailando para el público y ante un comité de jueces. Se les evalúa por el vestuario, la música y el tema del baile.

El Midsommar en Suecia

- El **Midsommar** se celebra en Suecia a finales de junio, en la víspera del solsticio de verano.
- El solsticio de verano es el día más largo del año. La gente se traslada desde los pueblos y ciudades al campo para celebrar el Midsommar.
- La gente canta y baila danzas folclóricas alrededor de un palo de mayo llamado **midsommarstång**. El mayo se decora con plantas y flores.
- Un baile popular del Midsommar que se baila alrededor del mayo es el **"Små grodorna"** o "Las ranitas".
- Hay pícnics con arenques, papas nuevas cocidas y otras comidas especiales. Y de postre, todo el mundo prueba las primeras fresas del verano con crema. ¡Las fresas suecas son pequeñitas y muy dulces!
- La gente decora sus casas con plantas que se dan solo en el verano, y hay quienes creen que esas plantas tienen poderes especiales. También se dice que las coronas de flores que se pone la gente en el Midsommar traen amor y buena salud durante el año.

El Nouruz en Irán

- El **Nouruz** es un festival persa que celebran personas de distintas religiones en Irán y en el mundo.
- El Nouruz comienza en marzo, en el equinoccio vernal, que es cuando empieza la primavera. Se centra en los nuevos comienzos, haciendo limpieza del año que ha terminado y empezando de cero.
- La gente limpia su casa, estrena ropa y pone una mesa **haft sin**, que significa "siete eses" en persa, debido a que los nombres de los siete artículos que es tradición poner en la mesa comienzan con "s". Sin embargo, la mesa haft sin suele tener más de siete artículos.
- En esta mesa hay brotes, manzanas, ajos, vinagre, monedas, jacintos y **sumac**, una especia roja, en representación de la dulzura y la amargura de la vida, la prosperidad y la salud.
- Las familias se suelen reunir en la casa del miembro mayor, en señal de respeto, y celebran la llegada del equinoccio de primavera.
- Durante trece días, se celebran cenas y se reflexiona sobre el año por venir.
- En el último día, los celebrantes toman los brotes de la mesa haft sin y los tiran al río o arroyo más cercano para que se alejen, dejando lo viejo y recibiendo el año nuevo.

La Pascua judía en Estados Unidos

- La **Pascua judía**, o **Pésaj** en hebreo, es una fiesta judía que se celebra en todo el mundo. Conmemora la liberación del pueblo judío de la esclavitud en el antiguo Egipto.
- De acuerdo a la historia de la Pascua, Dios envió diez plagas a Egipto para intentar convencer al faraón (el soberano de Egipto) de que liberara a los esclavos judíos. La palabra pascua viene del hebreo pésaj, que significa "paso", porque Dios pasó de largo de las casas de los judíos para protegerlos de la décima plaga.
- Cuando los judíos lograron por fin huir de Egipto, no tuvieron tiempo de esperar a que la masa del pan creciera. Por eso, en los ocho días de la Pascua judía solo se come pan ácimo (pan que no ha crecido).
- En las dos primeras noches, las celebraciones de Pascua comienzan con el **séder**, un acto religioso seguido de una comida.
- Para prepararse, la familia se deshace de los panes con levadura, limpia la casa y barre las migajas.
- Algunas personas llevan un **yarmulke** o **kipá** —un casquete que cubre la coronilla y que se usa en señal de respeto— y todos se visten con sus mejores galas.
- En el séder se sigue la historia de la Pascua que se va leyendo en un libro llamado **Hagadá**.
- También se pone un plato decorativo o **keará** con alimentos simbólicos.

Festival del Nuevo Ñame en Nigeria

- En África Occidental se acostumbra celebrar la cosecha del ñame con festivales. Una de las celebraciones más grandes es la del pueblo **igbo** de Nigeria. A este festival se le conoce como **Iwa Ji**, **Iri Ji** o **Ike Ji** en los diferentes dialectos de la lengua igbo.
- El festival tiene lugar en la temporada de recolección del ñame, entre agosto y octubre. Es la primera cosecha y lo cosechado dura todo el año.
- En la víspera del festival, se tiran o se comen los ñames viejos para hacer sitio para la nueva cosecha.
- En el Festival del Nuevo Ñame, se le presenta la cosecha al rey o al más anciano de la comunidad, quien ofrenda los ñames a Dios, a los antepasados y al dios del ñame. Les da las gracias por tener suficiente alimento para todo el año.
- El rey se come el primer ñame porque se cree que él es el intermediario entre la comunidad y los dioses.
- Después, todos comen juntos y celebran con música y baile.

El Novi God en Rusia

- El 31 de diciembre se celebra el **Novi God** en Rusia y otros países. Las familias suelen festejar hasta el 7 de enero, que es cuando los rusos celebran la Navidad.
- En una época, el gobierno soviético prohibía las celebraciones religiosas. Como no se podía celebrar abiertamente la Navidad, las tradiciones de la Navidad se pasaron a la víspera del Año Nuevo. Hoy en día, personas de distintas religiones y orígenes celebran el Novi God.
- Muchos de los símbolos y ornamentos del Novi God se parecen a los de la Navidad, aunque en realidad provienen de las tradiciones nórdicas y eslavas.
- Se dice que el **Ded Moroz**, o Abuelo del Frío, trae regalos a los niños con la ayuda de su nieta **Snegurochka** o Señorita de las Nieves.
- El **yolka** o árbol del Año Nuevo, es un pino o abeto que se decora con luces y ornamentos y que se suele coronar con una estrella. Las figuritas de cascanueces son también populares en el Novi God.
- Las familias se reúnen para compartir una comida de muchos platillos y para pedir deseos cuando el reloj marca la medianoche.
- La gente dice **"¡S novim godom!"** para desearse un año feliz.

El Eid al-Fitr en Egipto

* Los lectores musulmanes pueden decir "la paz sea con él" después de pronunciar el nombre de un profeta.

- En el **Eid al-Fitr** se celebra el fin del Ramadán, un mes importante en el islam. Es un día festivo para todos los musulmanes.
- El Ramadán es un mes sagrado de ayuno durante el noveno mes del calendario islámico. Los musulmanes ayunan desde el amanecer hasta el anochecer durante treinta días en recuerdo de la primera revelación del **Corán**, el texto sagrado fundamental del islam, al profeta Mahoma*.
- Eid al-Fitr significa "fiesta de romper el ayuno" en árabe.
- La gente estrena ropa e intercambia regalos. Ese día también se acostumbra ser generoso con lo más necesitados.
- Es un día religioso de muchas oraciones y tradiciones familiares. Las oraciones tienen lugar en las mezquitas y también afuera, en alfombras de oración. En algunos lugares, como Egipto, se sueltan globos al finalizar las oraciones.
- Después, las familias se visitan y van al cementerio para rememorar a los fallecidos.
- La gente se saluda con un **"¡Eid mubarak!"** que significa "¡Que tengas un Eid lleno de bendiciones!" en árabe.
- Esta fiesta suele durar tres días, pero las celebraciones se extienden durante toda la semana.

Día de Muertos en México

- El **Día de Muertos** tiene su origen en las culturas **nahuas** de México, entre las que se encuentra el pueblo azteca. En estas culturas, las personas fallecidas siguen siendo parte de la comunidad y se considera importante recordarlas.
- En los hogares y cementerios se crean **ofrendas** o altares para recibir de nuevo a los espíritus en la tierra de los vivos.
- Las ofrendas se llenan de flores de cempasúchil, pues se cree que sus tonos anaranjados guían a las almas del más allá en su regreso a la tierra. Después de este largo viaje, se les deja agua, comida y **pan de muerto** a los espíritus. También se pone una vela por cada familiar fallecido, junto con fotos y otros artículos personales. Se cree que el incienso que se quema limpia el aire y eleva las oraciones al cielo.
- Un símbolo importante del Día de Muertos son las figuritas de **calaveras** pintadas. También es costumbre dar a los niños calaveras de azúcar decoradas, y la gente se viste y pinta la cara de calavera.
- La gente cuelga banderines de papel cuidadosamente recortado llamado **papel picado**. Representan la esencia de la vida: bella y frágil.

El Diwali en India

- El **Diwali** o **Dipavali** significa "hilera de luces" en sánscrito. Es un festival de luces que se celebra en todo el mundo, pero especialmente en India donde hay grandes celebraciones.
- Muchas religiones como el hinduismo, el sijismo, el jainismo y el budismo celebran su propia forma de Diwali.
- A pesar de que hay muchas versiones de esta celebración, el hilo conductor es la victoria del bien (la luz) sobre el mal (la oscuridad).
- El Diwali se celebra durante cinco días al final de octubre o inicio de noviembre.
- En el primer día se ponen hileras de lámparas de aceite llamadas **diyas**. En las casas también se crean **rangolis**, diseños coloridos que se hacen con arena o harina de arroz. Los rangolis traen buena suerte, ¡y los diseños se pasan y se repiten de generación en generación!
- El segundo día se emplea en ir de compras y cocinar.
- El tercer día es el más oscuro en el calendario lunar. Se encienden diyas para honrar a **Lakshmi**, la diosa de la prosperidad, e iluminar la oscuridad.
- En el cuarto día las familias se reúnen para compartir un banquete llamado **Annakut**, que significa "montaña de comida".
- En el ultimo día o **Bha Duj** se celebra el vínculo entre hermanos y hermanas.